**어릴 때부터 그림 그리기를
유난히 좋아했던 후지카와 교**

교의 부모님은 더 나은 삶을 찾아 일본에서 미국 캘리포니아로 왔어요. 하지만 교는 문득문득 투명 인간이 된 것 같은 기분을 느꼈어요. 고등학생이 되자 학교 선생님들이 교의 뛰어난 미술적 재능을 발견했고 그 재능이 더 큰 세상에서 꽃피울 수 있게 길을 터 주셨어요. 미술은 교의 직업이 되었고 그녀의 그림들은 이제 잡지와 쇼윈도에서 볼 수 있게 되었지요.

마침내 교는 출판사로부터 어린이 책에 들어갈 그림을 요청받았어요. 그녀는 다양한 등장인물을 구상했어요. 책장마다 "흑인 아기, 동양 아기 가릴 것 없이 범세계적인 구성의 세상 모든 아기"를 그리고 싶어 했지요.

그전에도 그런 책이 있었을까요?

아직 그렇지 못했어요.

1963년 출간된 그녀의 책 『아기들』은 그림책 최초로 책장마다 모든 피부색의 어린이들을 표현했고 출판인과 교사, 독자 그리고 작가 지망생들에게 보다 크고 더 나은 세상으로 나아가는 상상력의 나침반이 되었어요.

인종 차별 없는 사회를 위해 자기 분야에서 치열하게 싸워나가 새로운 세상의 장을 연 여성 동화 작가 교의 감동적인 인생 이야기를 만나 보세요.

표지 그림 © 2019
줄리 모스태드

표지 디자인
에린 피츠시몬스

세상을 바꾼 소녀 8

# 그렇게
# 그림 한 장으로
# 시작되었어

인종 차별과 편견에 맞선
여성 동화 작가 이야기

쿄 매클리어 글   줄리 모스태드 그림   김희정 옮김

청어람 아이

그것은 한 장의 종이로 시작되었습니다.
함께 놀자고 손짓하는 빛나는 종이로부터.

그것은 시를 쓰는 엄마와 농장 일 가는 아빠, 그리고
그림 그리는 교라는 이름의 여자아이로 시작되었습니다.

때는 1913년이었고 교는 다섯 살이었죠.

그날 아침, 엄마는 말씀하셨어요.
"잘 잤니, 잠꾸러기들!
오늘은 바쁜 하루가 될 거야."

그리고 정말 그랬어요.

해 질 녘까지 내내.

엄마 친구들이 놀러 왔고 이야기꽃은 끝도 없이 피어났어요.

우리는 뭔가 될 수 있을 거라는 기대감으로
가장 좋은 기모노를 입고 미국으로 건너왔지…….

그건 실망……
우리는 투표권이 필요해.
여성도 **권리**가 있어.

밥그릇을 손에 쥔 채
교는 귀를 쫑긋 세우고 들었어요.

교는 커서 뭐가 되고 싶은지
알고 있었을까요?

아직은요.

교가 확실히 알고 있는 건 그림 그리기를 좋아한다는 사실이었어요.
교는 손에 쥔 연필의 느낌이 좋았어요. 선 하나로 춤추듯 미끄러지듯 표현하는
종이 속 세상도 좋았죠. 색깔은 또 어떻고요! 노랑 물감 한 방울로 명랑하게,
파랑 붓칠 한 번으로 나른하게, 색 하나로 모든 게 달라질 수 있답니다.

그림 도구들과 책으로 둘러싸인 집에서 교는 무엇이든 할 수 있었어요.
하지만 학교에서는 그런 느낌을 받지 못했어요.

학교에서는 "쟤 그림 정말 잘 그려."라고 아무도 얘기하지 않았어요.
누구도 교의 색연필이나 물감 상자를 눈여겨보지 않았어요.
교가 전학 갔을 때조차 아무도 교의 빈자리를 눈치채지 못했죠.

교가 이사한 새집은 캘리포니아의 샌피드로 부근 어촌이었어요.
미국에 이민 온 일본인들의 보금자리였어요. 새로운 삶이 시작되었죠.
친구들과 여기저기 쏘다니면서 교는 물고기처럼 가볍고 자유로운 기분을 느꼈어요.

어느덧 고등학생이 된 교는 아침마다 배를 타고
학교에 가요. 여전히 교는 백인이 대부분인 교실에서
가끔씩 투명 인간이 돼 버린 기분을 느꼈어요.

하지만 뛰어난 그림 솜씨는 두 선생님의 시선을 사로잡기에 충분했어요.
섬세한 관찰력으로 강과 배와 새들의 풍경을 멋들어지게 그릴 줄 아는
이 여자아이는 누구일까요?
콜 선생님과 블럼 선생님은 교가 그린 그림 선마다 깃든 생생한 기운을
눈여겨봤어요.

교는 미술 학교에 가기엔 너무 가난했어요. 다행히 콜 선생님이 교가 계속 미술 공부를 할 수 있게 방법을 찾아 주셨어요.

교는 집을 떠나 시끄럽고 복잡한 로스앤젤레스에 가야 한다는 사실에 잔뜩 긴장했어요. 1926년에는 아주 적은 수의 여자아이들만이 대학에 들어갔어요. 동양계 미국인은 말할 것도 없었죠.

하지만 교는 마음을 굳게 먹었어요.

대학교에서 교는 조각상들을 그리고 꽃과 얼굴들을 그렸어요.
교의 스케치북들은 그림으로 채워지고 또 채워졌어요.

일본 전통 붓화를 배우고 싶었던 교는
조상들의 땅인 일본으로 향했어요.

하지만 그곳의 선생님들은
규칙만을 강조했어요.

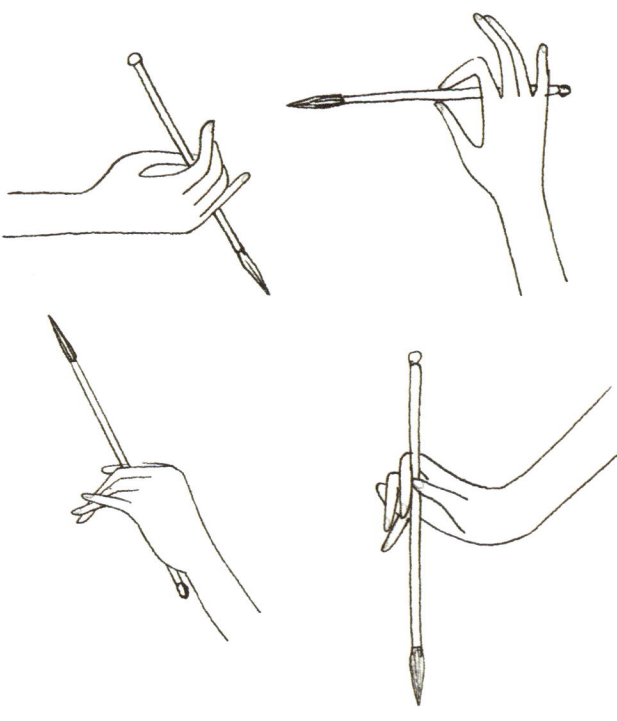

대신에 교는 나라 곳곳을 여행하며 혼자서 배워 나갔어요. 목판과 조각 도구 다루기, 벼루에 먹 가는 법 등을 연습했어요. 교는 에도 시대 화가들인 히로시게, 우타마로 그리고 호쿠사이의 뛰어난 목판화에 온통 마음을 빼앗겼어요.

……그리고 아름다운 기모노의 바다에 흠뻑 빠졌죠.

여행을 통해 교의 꿈은 한층 커졌어요.
하지만 미국으로 돌아와 돈을 벌어야만 했어요.
그다음 몇 해 동안, 교는 벽화를 칠하고 잡지에
실릴 그림들을 그리며 눈코 뜰 새 없이 바쁘게
일했어요.

1941년, 교는 뉴욕에 있는 월트디즈니
영화사로부터 일자리 제안을 받았어요.
책 디자인 계약직이었어요. 예술과 예술가들의
도시 뉴욕에서 일한다니, 가슴 떨리는 기회가
아닐 수 없었어요! 하지만 가족을 떠나야 하는
건 힘든 결정이었어요. 특히나 엄마와 떨어져야
한다는 건 교에게 쉽지 않은 일이었어요.

그때만 해도 곧 어떤 일이 닥칠지
아무도 몰랐죠.

1942년 초, 무시무시한 일이 벌어지고 말았습니다. 폭탄과 총소리가 세상을 뒤흔들었어요. 미국은 일본과 전쟁 중이었어요. 이제 생김새가 일본인 같거나 일본식 이름을 가진 사람은 누구든 적으로 의심받는 상황이 돼 버렸어요.

미국 서부 해안에 사는 일본계 미국인들은 집과 학교와 반려동물, 가지고 있는 모든 것을 두고 떠나도록 명령받았어요.

교처럼 동부 해안에 사는 일본계 미국인들은
살던 그대로 있어도 좋다고 했어요.

서부 해안에서는 떠날 채비를 하는 사람들이
값어치 있는 재산을 팔아 보려고 했어요.
자동차나 가구 같은 것들 말이에요.

하지만 고물상들은 터무니없는 가격만을 제시할 뿐이었어요.
"나는 팔지 않으련다." 교의 엄마, 유가 말했어요.
대신 다 불태웠어요.

교의 가족은 정든 집으로부터
아주 멀리 떨어진 전쟁 포로수용소로
보내졌어요.

교의 마음은 무너져 내렸어요.

그 뒤로 3년 동안 세상은 작고 끔찍하게 오그라들었어요.

이제 하얀 종이를 보고 있으면 교는
어떤 그림도 떠오르지 않았어요.

교는 가족에게 편지를 쓰고
수용소에서 태어난 조카에게 선물들을 보냈어요.
하지만 무너진 마음은 쉽게 채워지지 않았어요.

마침내 교는 다시 그림을 그리기 시작했어요.
걱정을 가라앉히려고 또 가족에게 필요한 돈을 보내려고
열심히 그림을 그렸어요.

낯선 사람이 시비를 걸어올 때도
그림은 교에게 위로가 되었어요.

세상이 온통 회색빛일 때 선명하고 다채로운 색깔들이
쿄의 마음을 북돋았어요. 쿄는 생각했어요.
그림이 사람들의 마음을 다독여 줄 수 있지 않을까?

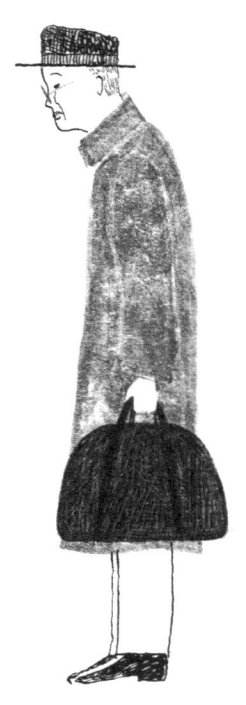

전쟁이 끝나고 교의 가족은
자유의 몸이 되었어요.

돌아갈 집도, 찾아 쓸 돈도 없이
처음부터 다시 시작해야만 했어요.

그 뒤로 15년의 시간이 빠르게 흘렀어요. 교는 그동안 우표 도안도 맡아 하고
쇼윈도 장식도 하고 어린이들이 읽을 동시 책에 그림도 그렸어요.
사랑으로 돌볼 두 마리의 푸들도 생겼지요.

이제 그림에 대해 궁리하며 거리를 산책할 때면 뭔가 다른 세상의 변화가
느껴지기 시작했어요.

여전히 변하지 않은 것도 많긴 했어요.

도서관과 서점의 책들은 구닥다리 낡은 이야기뿐이었어요.
앞치마를 두르고 종종걸음 하는 엄마와 파이프를 물고 신문을 뒤적이는 아빠,
그리고 오로지 백인 어린이들만이 그려진 책들이었죠.

책은 더 많은 것을 담을 수 있고 또 많은 일을 할 수 있다는 걸 교는 알고 있었어요.
"책은 말이야," 교는 푸들들에게 말했어요.
"누가 무엇을 상상하든 그렇게 될 수 있는 놀라운 힘이 있단다."

교는 어떤 일을 하고 싶은지 잘 알았어요.
매일 교는 하얗게 텅 빈 종이로 시작해 그 안을
그림과 글로 채웠어요.

책이 완성되자 교는 출판사에 보냈어요.
출판사 사람들은 무엇을 보았을까요?

아기들이었어요! 포동포동한 두 뺨에 아장아장,
통통통 뛰어다니는 아기들. 개구쟁이, 귀염둥이,
정신을 쏙 빼놓는 꼬물꼬물, 뽈뽈뽈 기어 다니는
아기, 아기들이었어요.

하지만 출판사에서는 곤란하다고 했어요.

백인 아기와 흑인 아기를 섞으면 안 된다고요.
피부 색깔로 사람을 구분하는 법이 있었던 1960년대 초반
미국에서는 있을 수 없는 일이었어요.

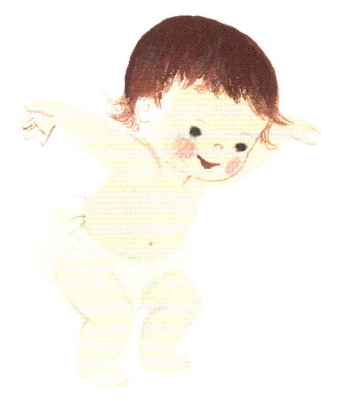

하지만 교는 흔들리지 않았어요.

가만히 눈을 감고 자신이 투명 인간처럼 느껴지고
초대받지 못한 손님 같았던 모든 순간을 떠올렸어요.

교는 출판사 사람에게 단호히 말했어요.
"그런 식으로는 안 하는 게 좋겠어요. 저 거리의 현실이
그렇지 않습니다. 이 책의 그림도 그렇지 않고요.
우리는 규칙을 깰 필요가 있어요."

그리고 교는 기다렸어요.
출판사 사람들이 다시 생각해 볼 시간을 가지도록.
아기들도 기다렸죠.
기다리고 또 기다렸어요.

**하지만 아기들은 참을 수 없었어요.**

낡은 책장을 넘겨야 했어요.

마침내 출판사에서 그렇게 하자고 했어요.
그리고 책은 날개 돋친 듯 팔렸어요.
모두 교의 책을 좋아했어요. 아기들은
교의 책을 사랑했죠!

그래서 교는 책을 계속
만들었어요.

교는 책갈피마다 구석에 밀려나고 그늘에 가려 있던
아이들 손을 잡아 이끌었어요. 책 속에 골고루 자기 자리를
찾게 해 주었어요. 여자는 분홍, 남자는 파랑이라는 거추장스러운
공식 없이, 꾸밈없이, 구분 없이, 천진난만함과 와글와글,
우당탕 즐거운 소동만을 누리게 해 주었어요.

이제 책 속 어린이들은 뻗어 나갈 준비를 해요.
교가 만들어 준 빛나는 책장을 넘겨서

# 더 크고 더 나은 세상을 향해.

# 후지카와 교 일대기

**1908년 11월 3일**
미국 캘리포니아 버클리의 한 일본계 미국 이민 1세대 가정에서 후지카와 교 태어나다.
어머니 유는 시인이자 사회 운동가이며 아버지 히코조는 포도 농장 이주 노동자로 생활을 꾸린다.

**1910년 7월 4일**
교의 유일한 형제인 요시히코 프레드 태어나다. 요시히코는 훗날 의사가 되었는데 과일 행상으로 학비를 벌며 공부해 나간다.

*1913년 교, 어머니 유와 동생 요시히코와 함께*

**1910년대**
교의 어머니는 하숙을 치고 자수로 생활비를 보탠다. 아버지는 농장 일을 계속하며 허드렛일도 한다. 살림살이는 쉬이 나아지지 않는다. 아버지 히코조는 결핵에 걸리고 서서히 회복한다.

**1920년대 초**
더 나은 생활을 꿈꾸며 교와 가족은 캘리포니아 샌피드로와 롱비치 사이에 위치한 터미널섬으로 이사한다. 그곳은 거의 3천여 명의 일본계 미국인들이 모여 사는 생기 넘치는 어촌이다. 히코조는 참치 통조림 공장에서 일한다. 교와 요시히코도 틈틈이 집안일을 돕는다.

**1922년~1926년**
교는 샌피드로고등학교에 다니면서 다양한 미술 동아리 활동에 열중한다. 친구들은 교를 '마거리트'로 기억한다. 졸업 직전 스승인 헬렌 콜 선생님이 장학금으로 교가 미술대학에 진학할 수 있게 도와준다.

**1926년~1932년**
교는 로스앤젤레스 취나드미술학교(지금의 칼아츠CalArts: California Institute of the Arts)에서 미술을 공부한다. 여가 시간에는 현대 무용의 선구자인 이토 미치오와 함께 춤을 배우고 다른 일본계 미국인 작가, 예술가들과 우정을 나눈다.

**1932년**
교는 1년 동안 일본 여기저기를 여행한다. 이 여행을 통해 일본 예술에 대한 사랑과 모국에 대한 강한 유대감을 발견한다.

**1933년~1937년**
교는 낮에는 미술 관련 일을 하고 밤에는 취나드미술학교에서 학생들을 가르치며 바쁘게 지낸다. 한편 로스앤젤레스와 샌디에이고의 백화점 대형 벽화들과 디스플레이 작업을 한다.

**1939년**
교는 월트디즈니영화사에 합류해 영화 〈판타지아〉(1940)의 홍보 작업을 시작한다.

**1940년 5월**
대중여성잡지 《글래머》가 〈디즈니에서 일하는 여성들〉이라는 제목의 기사로 교를 집중 소개한다.

**1941년**
교는 디즈니영화사 뉴욕 상품화계획부에 파견된다. 한 제약회사의

*벽화를 그리는 교*

아트디렉터로도 잠시 일한다.

### 1941년 12월 7일
일본이 하와이 진주만에 주둔한 미군함과 항공기를 폭격한다. 미국은 일본에 전쟁을 선포한다.

### 1942년 2월 19일
미국 대통령 프랭클린 루스벨트는 서부 해안에 거주하는 일본계 미국인들을 격리 수용하는 행정명령 9066에 서명한다. 며칠 뒤 교의 가족을 비롯한 터미널섬 일본계 미국인 주민들은 48시간 내에 집을 비울 것을 명령받는다. 유와 히코조, 그리고 요시히코는 산타애니타공원 경주로에 감금된다(그들은 마구간에서 생활한다). 그다음 남부 아칸소주 제롬의 전쟁 포로수용소에 보내진다. 교는 동부 해안에 거주하고 있었기에 감금을 면한다. 가족 면회를 다녀온 교는 훗날 그곳을 "가시철조망을 두른 담을 총검으로 무장한 군인이 보초를 서는…… 매우 암울한 곳"으로 회상한다.

### 1940년 말~1950년대 초
교는 프리랜서로 광고 그림과 각종 축하 카드, 창호 디자인 그리고 잡지 작업 등 다양한 분야에서 일한다.

### 1957년
그로셋앤던랩(Grosset&Dunlap)출판사에서 로버트 루이스 스티븐슨이 글을 쓰고 교가 그림 작업에 참여한 『어린이 시의 정원』 신간이 나온다. 잇따른 그림책 출간이 이뤄진다.

### 1963년
교가 글을 쓰고 그림을 그린 첫 책 『아기들』이 출간되는데 이 책은 다양한 인종의 등장인물이 표현된 최초의 그림책 중 하나이다.

『아기들』과 후속작인 『아기 동물들』은 빠르게 베스트셀러가 된다. 이때부터 교는 어린이 책을 쓰고 그리는 일에 매진하기로 마음먹는다.

### 1960년대~1980년대
교는 자신의 작품 중 가장 아끼는―독자 또한―『오, 정말 바쁜 하루야!』(1976), 『오늘 내 친구 할래?』(1988)를 포함, 50여 종이 넘는 책을 선보인다.

"나는 어린이 책에 그림 그리는 일을 정말 좋아했어요. 나는 언제나 어린이에 대한 어린이를 위한 그림 작업을 하길 바라왔지요. 그게 바로 내가 하고 싶었던 일이었어요."

*뉴욕 자택에서*

"비록 나는 평생 아이를 가져본 적 없지만, 그리고 나의 어린 시절이 특별히 근사했다고는 말할 수 없지만, 아마도 나는 여전히 아이의 마음을 간직하고 있다 할 수 있겠습니다. 짐작건대, 나의 일부는 결코 어른이 되지 않은 것 같아요."

### 1960년대~1990년대
교는 미국 우표 6종을 디자인한다.

### 1973년 1월
교의 아버지, 히코조 89세를 일기로 영면에 들다.

### 1978년 12월
교의 사랑하는 어머니, 유 92세를 일기로 영면에 들다.

### 1998년 11월 26일
아흔 번째 생일을 축하한 3주 뒤, 뉴욕에서 후지카와 교 영면에 들다.

# 이 책의 마지막 장을 닫으며

## 이 책은 하나의 질문으로부터 시작되었습니다. 후지카와 교는 누구인가?

우리 두 작가 모두 교의 아름다운 책들을 사랑했지만 정작 그 책들을 만든 작가에 대해서는 아는 게 별로 없었어요. 우리는 궁금한 것들 투성이었어요. 그래서 교에 대한 정보를 모으기 시작했고 인터넷에서 떠돌던 불분명한 이야기 중 일부를 바로잡아갔어요. 우리 조사는 결국에는 캘리포니아에 있는 교의 가족과 그녀의 원화에까지 닿았어요. 우리에게 내밀한 가족사와 사진 그리고 기록물들을 제공해 주신 후지카와 가족―특별히 덴슨, 대니, 멜리사 그리고 보니타―의 환대와 도움이 없었다면 이 책은 결코 출간되지 못했을 거예요.

## 자, 그럼 교는 어떤 사람이었을까요?

### 예술가 교

교는 책을 만들고 우표 도안과 윈도 아트, 벽화, 각종 축하 카드, 잡지 표지 등 다양한 분야를 디자인했어요. 그리고 독신 여성에게 언제나 호의적이지만은 않았던 업계에서(일본계 미국인이라면 더더군다나) 40여 년 넘게 실력을 인정받으며 명성을 날렸어요. 디즈니영화사에서 일하는 동안 다른 동양계 미국인, 멕시코계 미국인 예술가들과 함께 세계인의 사랑을 받는 디즈니 영화들과 책 작업을 했어요.

### 선구자 교

교는 그녀가 처음으로 쓰고 그린 『아기들』에서 "흑인 아기, 동양 아기 가릴 것 없이 범세계적인 구성의 세상 모든 아기"를 그림 속에 표현해 보았어요. 그러나 그때는 1960년대 초였어요. 그로셋앤던랩 출판사 영업부는 인종 간의 섞임은 미국 남부에서 판매에 지장이 있을 거라고 꺼렸습니다. 교는 개의치 않았어요. 그 책은 인종 차별을 금지하는 미국 공민권법 제정 1년 전인 1963년에 출간되었고 후속작 『아기 동물들』과 함께 미국에서만 2백만 부 가까이 높은 판매고를 올렸어요.

교는 단지 출판계 인종의 벽을 깨고자 노력했을 뿐만 아니라 성별에 관한 낡고 오래된 생각들에 도전장을 내밀었어요. 여자는 이래야 하고 남자는 저래야 한다는 편견과 고정관념에 대해서요.

### 혁신가 교

교는 시인인 어머니 유로부터 사회 정의와 노동권에 대한 남다른 열정을 물려받았어요. 예를 들어 출판사가 작가들에게 공정한 최저임금을 지불하지 않으면 그녀는 일하지 않았어요. 교는 또한 책 인세를 요구한 최초의 어린이 책 작가 중 한 사람이었어요. 그녀는 동료 작가들에게 정당한 권리를 행사하라고 독려했어요. "낡은 규칙은 따르지 맙시다." 그녀는 말했어요. "새로운 규칙을 함께 만들어요."

"나의 고모할머니는 예술가인 내 삶에
끊임없이 영감을 주는 존재입니다.
이토록 대단한 여성과 친인척 관계라니
놀라울 뿐입니다.
내게 고모할머니는 섬세하면서도
우아하고 위풍당당한 존재감으로
기억됩니다. 어린아이였던 내가 쉽게
알아차릴 수 있는 그 무엇인가를
지니고 계셨죠."

– 교의 질손이자 작곡가,
**후지카와 대니**

## 조카바보, 그리고 생명을 귀히 여기고 실천한 행동가 교

교는 조카들과 질손들이 뉴욕 아파트 작업실에 놀러 오는 것을 언제나 반겼어요. 또한 푸들 키쿠, 스즈와 하루에도 몇 시간씩 산책하는 것을 즐겼어요. 노년에는 뉴욕시에 거주하는 홀로 지내는 일본계 미국인 노인과 전 피억류자들에게 음식을 전달하는 자원봉사를 하기도 했지요. 학교 방문도 계속 이어 나갔어요.

## 위대한 작가 교

동시대 인물인 엘런 태리, 에즈라 잭 키츠와 함께 교는 오늘날 다양성에 관한 대화의 물꼬를 트는 책들을 만들었습니다. 그녀는 더 크고 더 나은 세상을 소망하며 텅 빈 백지로 시작했고, 모든 꿈을 효율적으로 배치했습니다. 그리고 출판인과 교사, 독자, 작가 지망생, 그림 작가들이 보다 더 큰 미래를 상상할 수 있도록 그 안에 초대했습니다.

그간 교의 책들이 17개의 언어로 번역됐고 22개를 넘는 국가에서 출간되어 여전히 지구 곳곳에서 어린이 독자의 사랑을 받고 있는 현상은 전혀 놀라운 것이 아닙니다.

후지카와 교의 작업들은 예술가이자 엄마인 우리에게 큰 의미를 줍니다. 우리 두 작가 모두 어린 시절부터 이미 그녀의 책들을 봐 왔지만, 이 책을 작업하면서 그녀의 뛰어난 표현력과 구성력 그리고 치밀한 섬세함에 더 깊이 빠져들었습니다. 그녀의 어린이에 대한 묘사와 색채 감각은 아직도 우리에게 크나큰 영감을 주고 있습니다. 우리는 교의 그림 속, 앞장선 아이 뒤를 따라 아이들과 뛰노는 상상을 하곤 합니다. 뒤죽박죽 즐거움으로 가득한 어린이들 맨 앞 어디쯤, 교가 함께 있겠죠.

– 쿄와 줄리

후지카와 교께, 미네 오쿠보, 루스 아사와,
그리고 앞서 길을 만들어 나간
모든 일본계 이민자 여성 예술가들께……
줄리, 질, 타라, 잭키, 에린 그리고 후지카와 가족께
큰 감사의 마음을 전합니다.
—K.M.

교께,
그리고 로즈와 타이 타사카의 자제들,
손주들, 증손주들께.
—J.M.

### 참고 도서

『어린이 시의 정원 A Child's Garden of Verses』, 로버트 루이스 스티븐슨 글, 1957
『아기들 Babies』, 1963
『아기 동물들 Baby Animals』, 1963
『어린이 동시집 A Child's Book of Poems』, 1969
『그림책 A부터 Z까지 A to Z Picture Book』, 1974
『꿈나라로 갈 시간 Sleepy Time』, 1975
『오, 정말 바쁜 하루야! Oh, What a Busy Day!』, 1976
『나를 따라와요 Come Follow Me』, 1979
『오늘 내 친구 할래? Are You My Friend Today?』, 1988
『열 명의 작은 아기들 Ten Little Babies』, 1989

### 자료 출처

하나와 유키코, 〈일본계 미국인 1세대 여성들 각각의 세계 The Several Worlds of Issei Women〉, Master's thesis, California State University at Long Beach, 1982.

하워드 존, 〈국내 전선 강제 수용소 Concentration Camps on the Home Front〉, Chicago: University of Chicago Press, 2008.

마츠모토 발레리, 〈도시 여성들: 로스앤젤레스의 일본계 미국인 2세대 사회 세계 City Girls: The Nisei Social World in Los Angeles, 1920~1950〉, Oxford: Oxford University Press, 2016.

맥도웰 에드윈, 〈어린이 책의 창조자, 후지카와 교, 90 Gyo Fujikawa, 90, Creator of Children's Books〉, New York Times, 1998년 12월 7일.

오키히로 개리 Y, 『억류 일본계 미국인 백과사전 Encyclopedia of Japanese American Internment』, Santa Barbara, CA: Greenwood, 2013.

와키다 퍼트리샤, 〈후지카와 교 Gyo Fujikawa〉, Densho Encyclopedia(online), 2018년 11월 6일 접속.

우 일레인, 〈담대하게 다민족 세계를 표현한 어린이들의 작가 Children's Author Dared to Depict Multiracial World〉, Los Angeles Times, 1998년 12월 13일.

와이먼 안드레아, 〈길을 만든 어린이 그림 작가, 후지카와 교 Gyo Fujikawa, a Children's Illustrator Forging the Way〉 Versed, American Library Association, 2005년 9~10월호.

---

세상을 바꾼 소녀 8

## 그렇게 그림 한 장으로 시작되었어
#### 인종 차별과 편견에 맞선 여성 동화 작가 이야기

쿄 매클리어 글 | 줄리 모스태드 그림 | 김희정 옮김

1판 1쇄 찍은날 2021년 9월 24일 | 1판 3쇄 펴낸날 2023년 4월 15일
펴낸이 정종호 | 펴낸곳 ㈜청어람미디어(청어람아이) | 등록 1998년 12월 8일 제22-1469호 | 편집 박세희 | 제작·관리 정수진 | 인쇄·제본 ㈜에스제이피앤비
주소 04045 서울특별시 마포구 양화로56(서교동, 동양한강트레벨) 1122호 | 전화 02-3143-4006~8 | 팩스 02-3143-4003
ISBN 979-11-5871-184-9 77300
979-11-5871-074-3 (세트)
잘못된 책은 구입하신 서점에서 바꾸어 드립니다. 값은 뒤표지에 있습니다.

It Began With a Page: How Gyo Fujikawa Drew the Way
Text copyright ⓒ 2019 by Kyo Maclear
Illustrations copyright ⓒ 2019 by Julie Morstad
Photographs on pages 3, 45~47, and artwork on page 15 courtesy of the family of Gyo Fujikawa
All rights reserved.

This Korean edition was published by Chungaram Media in 2021 by arrangement with
HarperCollins Publishers through KCC(Korea Copyright Center Inc.), Seoul.

이 책은 ㈜한국저작권센터(KCC)를 통한 저작권자와의 독점 계약으로 청어람미디어에서 출간되었습니다.
저작권법에 의해 한국 내에서 보호를 받는 저작물이므로 무단 전재와 복제를 금합니다.

### 쿄 매클리어 글

영국 런던에서 태어나 영국인 아버지와 일본인 어머니를 따라 네 살 때 캐나다로 이주했습니다. 소설가 겸 어린이 책 작가로 활동하며 『피어나다: 독창적인 패션 디자이너 엘사 스키아파렐리 이야기』, 『행복을 주는 요리사』를 비롯해 많은 책을 썼습니다. 토론토에서 음악가인 남편과 두 아들, 고양이 두 마리와 함께 살고 있습니다. www.kyomaclearkids.com에서 다양한 책들을 만날 수 있습니다.

### 줄리 모스태드 그림

후지카와 교, 에즈라 잭 키츠를 존경하는 작가로 꼽으며 그림에 많은 영향을 받았습니다. 그림책 『오늘』을 쓰고 그렸고 『춤추는 백조』, 『피어나다: 독창적인 패션 디자이너 엘사 스키아파렐리 이야기』, 『소녀와 원피스』에 그림을 그렸습니다. 캐나다 밴쿠버에서 가족과 함께 살고 있습니다. www.juliemorstad.com에서 더 많은 그림을 만날 수 있습니다.

### 김희정 옮김

어린이 책을 기획·번역하고 있습니다. 우리말로 옮긴 책으로는 『작은 씨앗을 심는 사람들』, 『엄마가 너에 대해 책을 쓴다면』, 『세상의 모든 나무를 사막에 심는다면』, 『여섯 번째 바이올린』 등이 있습니다.